大方廣佛華嚴經 寫經

6

🪷 일러두기

1. 『사경본 한글역 대방광불화엄경』은 『독송본 한문·한글역 대방광불화엄경』에 수록된 한글역을 사경하는 데 편의를 도모하기 위해 편집을 달리하여 간행한 것이다.

2. 『독송본 한문·한글역 대방광불화엄경』은 실차난타가 한역(695~699)한 80권 『대방광불화엄경』의 한문 원문과 한글역을 함께 수록한 것이다. 한문 저본은 고종 2년(1865) 월정사에서 인경한 고려대장경 『대방광불화엄경』이다.

3. 한글 번역은 동국역경원에서 발간한 한글 『대방광불화엄경』(운허)을 중심으로 하고 『신화엄경합론』(탄허)과 『대방광불화엄경 강설』(여천무비) 그리고 최근의 여타 번역본 등을 참조하였다.

4. 한글 번역은 독송과 사경을 위하여 정확성과 아울러 가독성을 고려하였다. 극존칭은 부처님과 불경계에 대해서만 사용하였다.

5. 사경본의 차례는 일러두기 → 한글역 본문 → 화엄경 목차 → 간행사이며 80권 『대방광불화엄경』의 권별 목차 순으로 독송본과 함께 간행한다. (법공양판에는 간행사 다음에 간행불사 동참자를 밝혀 두었다.)

사경본 한글역
대방광불화엄경 제6권

2. 여래현상품

수미해주

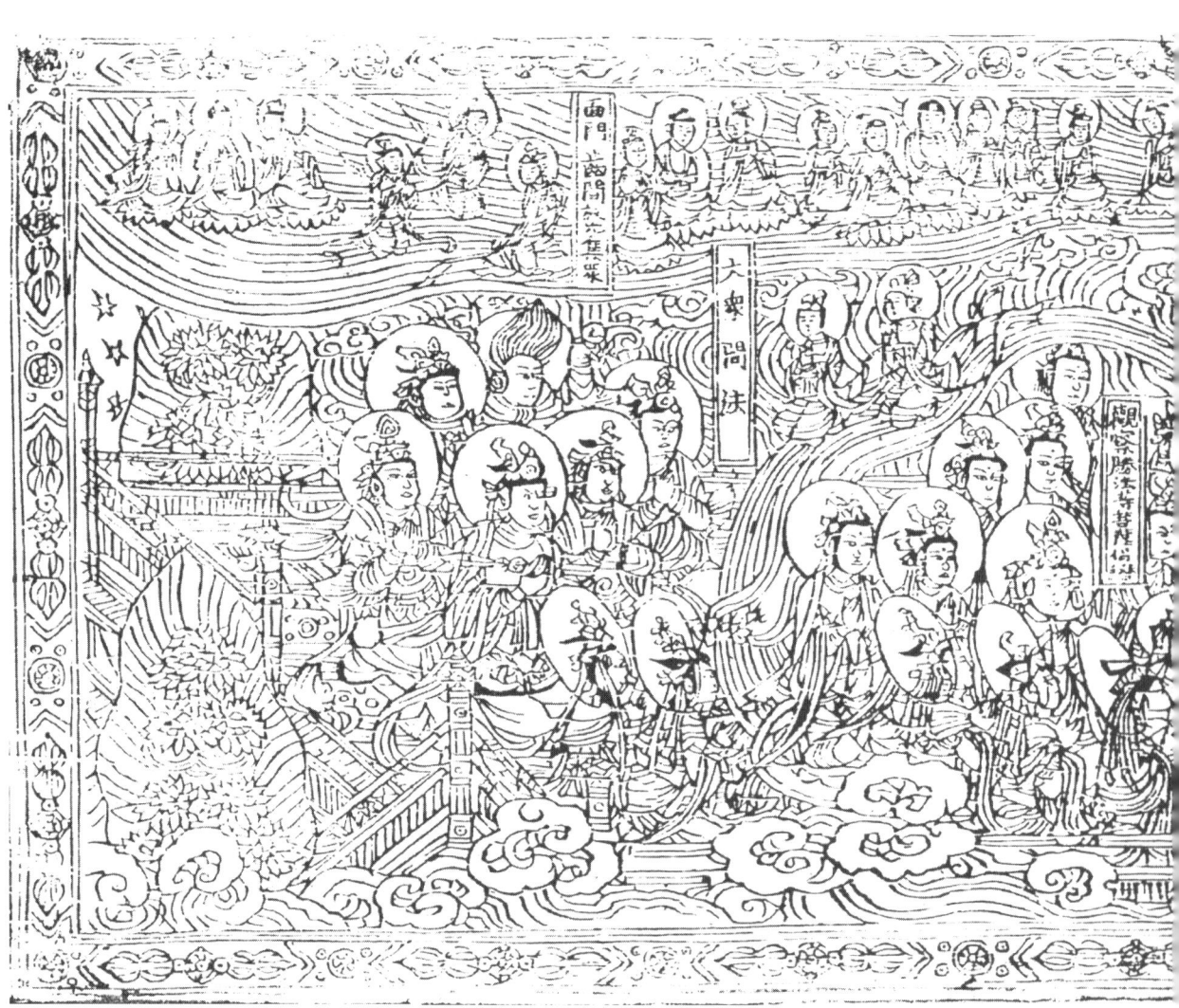

대방광불화엄경 제6권 변상도

_____ 은(는) 『대방광불화엄경』을
사경하는 인연공덕으로
『화엄경』이 널리 유통되고
우리 모두 다함께 보리 이루기를 발원하옵니다.

대방광불화엄경
제6권

2. 여래현상품

 그 때에 모든 보살들과 일체 세간의 주인들이 이러한 생각을 하였다.

 어떤 것이 모든 부처님의 지위이며, 어떤 것이 모든 부처님의 경계이며, 어떤 것이 모든 부처님의 가지이며, 어떤 것이 모든 부처님의 행하신 일이며, 어떤 것이 모든 부처님의 힘이며, 어떤 것이 모든 부처님의 두려움 없음이며, 어떤 것이 모든 부처님의 삼매이며, 어떤 것이 모든 부처님의 신통이며, 어떤 것이 모든 부처님의 자재이며, 어떤 것이 모든 부처님의 능히 섭취할 수 없음이며, 어떤 것이 모든 부처님의 눈이며, 어떤 것이 모든 부처님의 귀이며, 어떤 것이 모든 부처님의 코이며, 어떤 것이 모든 부처님의 혀이며, 어떤 것이 모든 부처님의 몸이며, 어떤 것이 모든 부처님의 뜻이며, 어떤 것이 모든 부처님의 몸광명이며, 어떤 것이 모든 부처님의 광명이며, 어떤 것이 모든 부처님의 음성이며, 어떤 것이 모든 부처님의 지혜입니까?

오직 원컨대 세존께서는 저희들을 불쌍히 여기셔서 열어 보여 연설해 주소서.

또 시방세계바다의 일체 모든 부처님께서 다 모든 보살들을 위하여 세계바다와 중생바다와 법계가 나란히 펼쳐진 바다와 부처님바다와 부처님 바라밀바다와 부처님 해탈바다와 부처님 변화바다와 부처님 연설바다와 부처님 명호바다와 부처님 수명바다와 그리고 일체 보살의 서원바다와 일체 보살의 발심하여 나아가는 바다와 일체 보살의 도를 돕는 바다와 일체 보살의 타고가는 승바다와 일체 보살의 행바다와 일체 보살의 벗어나 여의는 바다와 일체 보살의 신통바다와 일체 보살의 바라밀바다와 일체 보살의 지위바다와 일체 보살의 지혜바다를 설하시니,

원컨대 부처님 세존께서는 또한 저희들을 위하여 이와 같이 설해주소서.

그 때에 모든 보살들의 위신력으로 일체 공양구구름 가운데 자연히 소리가 나서 게송을 설하여 말씀하였다.

한량없는 겁 동안
수행이 원만하시어
보리수 아래에서
정각을 이루시고
중생들을 제도하기 위하여

널리 몸을 나타내셔서
미래가 다하도록
구름처럼 충만하시도다.

중생들에게 있는 의심을
모두 끊게 하시고
광대한 믿음과 이해를
다 내게 하시며
끝없는 고통을
널리 제하게 하셔서
모든 부처님의 안락을
다 증득케 하소서.

무수한 세계
티끌 수 같은 보살들이
이 모임에 함께 와서
다 같이 우러르니
그 뜻에
마땅히 받을 바를 따라서
묘법을 연설하여
의혹을 없애주소서.

어떻게 모든 부처님 지위를
요달해 알며
어떻게 여래의 경계를

관찰합니까?
부처님의 가피는
가없으시니
이 법을 보여
청정하게 해주소서.

어떻게
부처님께서 행하신 곳에
지혜로 능히
밝게 들어갈 수 있습니까?
부처님의 힘은
청정하며 넓고 가없으시니

모든 보살들을 위하여
열어 보여주소서.

무엇이 넓고 큰
모든 삼매이며
무엇이 두려움 없는 법을
깨끗이 닦음입니까?
신통력의 작용이
한량없으시니
중생들의 마음에
즐김을 따라 설해주소서.

모든 부처님 법왕은
세간의 주인 같으시니
소행이 자재하여
능히 제어할 수 없음과
나머지 일체
광대한 법을
이익을 위하여
연설해주소서.

부처님 눈은
어찌하여 한량없으며
귀와 코와 혀와 몸

또한 그러하며
뜻도 한량없으니
또 어찌하여 그러합니까?
원컨대 이것을 능히 아는
방편을 보여주소서.

모든 세계바다와
중생바다와
법계가
나란히 펼쳐져 있는 바다와
모든 부처님바다
또한 가없음을

불자들을 위하여
다 보여주소서.

생각을 길이 벗어난
온갖 바라밀바다와
널리 해탈에 들어가는
방편바다와
있는 바
일체 법문바다를
이 도량 가운데서
말씀해주소서.

그 때에 세존께서 모든 보살들의 마음에 생각하는 바를 아시고, 곧 입과 여러 치아 사이에서 부처님 세계 미진수의 광명을 놓으셨다.

이른바 온갖 보배꽃이 두루 비추는 광명과 갖가지 소리를 내어 법계를 장엄하는 광명과 미묘한 구름을 드리우는 광명과 시방의 부처님께서 도량에 앉아 신통변화를 나타내시는 광명과 일체 보배 불꽃구름 일산 광명과 법계에 충만한 걸림 없는 광명과 일체 부처님 세계를 두루 장엄하는 광명과 청정한 금강보배 깃대를 멀리 건립하는 광명과 보살들의 대중모임 도량을 널리 장엄하는 광명과 묘음으로 일체 부처님 명호를 칭양하는 광명이었다.

이와 같은 부처님 세계 미진수가 낱낱이 또 부처님 세계 미진수의 광명으로 권속을 삼고, 그 광명이 모두 온갖 미묘한 보배 색을 갖추어서 시방으로 각각 일억 부처님 세계 미진수의 세계바다를 널리 비추니, 그 세계바다의 모든 보살 대중들이 광명 가운데서 각각 이 화장장엄세계해를 볼 수 있었다.

　부처님의 위신력으로 그 광명이 저 일체 보살 대중모임 앞에서 게송을 설하여 말씀하였다.

　한량없는 겁 동안
　수행바다에서
　시방의 모든 부처님바다에
　공양하시며
　일체 중생바다를

교화 제도하셔서
이제 묘각의 변조존을
이루셨도다.

모공 가운데서 나온
변화한 구름이여
광명이 시방을
널리 비추어
마땅히 교화를 받을 이는
모두 깨달아서
보리에 나아가 청정하여
걸림이 없게 하시도다.

부처님께서 옛적에
여러 갈래에 왕래하시어
모든 중생들을 교화하여
성숙하게 하시니
신통이 자재하고
한량없으셔서
한 생각에
다 해탈을 얻게 하시도다.

마니의 미묘한
보배 보리수가
갖가지 장엄이

모두 특수한데
부처님께서
그 아래에서 정각을 이루셔서
큰 광명을 놓아
널리 비추시도다.

큰 음성을
온 시방에 떨치셔서
널리 적멸법을
크게 펴시되
모든 중생들의 마음에
즐기는 바를 따라서

갖가지 방편으로
깨닫게 하시도다.

옛적에 모든 바라밀을 닦아서
다 원만히 하시되
일천 세계 미진수와
같게 하셔서
일체 모든 힘을
다 이미 이루셨으니
그대들은 가서
함께 우러러 예배할지어다.

시방의
세계 티끌 수 같은 불자들이
다 함께 환희하며
모여 와서
모든 구름을 비 내려
공양올리고
이제 부처님 앞에서
오로지 우러러보도다.

여래의 한 음성이
한량없으시어
경전의 깊고 큰 바다를

능히 연설하셔서
묘법을 널리 비 내려
중생들의 마음에 응하시니
저 양족존께
마땅히 가서 친견할지어다.

삼세 모든
부처님의 원을
보리수 아래에서
다 연설하시되
한 찰나 동안
모두 앞에 나타내시니

그대들은 속히
여래의 처소에 나아갈지어다.

비로자나 부처님의
큰 지혜바다시여
입에서 광명을 놓아
보지 못함이 없음이라
이제 대중 모이기를 기다려
법음을 연설하시리니
그대들은 가서 뵙고
설법을 들을지어다.

그 때에 시방 세계바다의 일체 회중이 부처님께서 광명으로 깨우쳐 주심을 입고 나서, 각각 비로자나여래의 처소에 함께 와서 친근하고 공양올렸다.

이른바 이 화장장엄세계바다의 동방에 다음 세계바다가 있으니 이름이 청정광연화장엄이고, 그 세계종 가운데 국토가 있으니 이름이 마니영락금강장이며, 부처님의 명호는 법수각허공무변왕이시다.

그 여래의 대중바다 가운데 보살마하살이 있으니 이름이 관찰승법연화당이다. 세계바다 미진수의 모든 보살들과 함께 부처님 처소에 와서, 각각 열 가지 보살의 몸모양구름을 나타내어 허공에 두루 가득하여 흩어져 없어지지 아니하였다.

또 열 가지 일체 보배 연꽃을 비 내리는 광명구름을 나타내며, 또 열 가지 수미산 보배 봉우리구름을 나타내며, 또 열 가지 햇빛구름을 나타내며, 또 열 가지 보배 꽃 영락구름을 나타내며, 또 열 가지 일체 음악 구름을 나타내며, 또 열 가지 가루향 나무구름을 나타내며, 또 열 가지 바르는 향과 사르는 향과 온갖 색상구름을 나타내며, 또 열 가지 일체 향나무구름을 나타내었다.

이와 같은 세계바다 미진수의 모든 공양구름이 다 허공에 두루하여 흩어져 없어지지 아니하였다.

이러한 구름을 나타내고 나서 부처님을 향하여 예배하며 공양올리고, 곧 동방에 각각 갖가지 꽃 광명장 사자좌를 변화하여 만들고 그 자리 위에 결가부좌하였다.

이 화장세계바다의 남방에 다음 세계바다가 있으니 이름이 일체보월광명장엄장이고, 그 세계종 가운데 국토가 있으니 이름이 무변광원만장엄이며, 부처님의 명호는 보지광명덕수미왕이시다.

그 여래의 대중바다 가운데 보살마하살이 있으니 이름이 보조법해혜이다. 세계바다 미진수의 모든 보살들과 함께 부처님 처소에 와서, 각각 열 가지 일체 장엄의 광명장 마니왕 구름을 나타내어 허공에 두루 가득하여 흩어져 없어지지 아니하였다.

또 열 가지 일체 보배 장엄구를 비내려 널리 비추는 마니왕구름을 나타내며, 또 열 가지 보배 불꽃이 치성하여 부처님 명호를 칭양하는 마니왕구름을 나타내며, 또 열 가지 일체 부처님의 법을 설하는 마니왕구름을 나타내었다.

또 열 가지 온갖 묘한 나무로 도량

을 장엄하는 마니왕구름을 나타내며, 또 열 가지 보배 광명이 널리 비추어 온갖 화신 부처님을 나타내는 마니왕구름을 나타내며, 또 열 가지 일체 도량의 장엄한 형상을 널리 나타내는 마니왕구름을 나타내었다.

또 열 가지 비밀한 불꽃등이 모든 부처님의 경계를 설하는 마니왕구름을 나타내며, 또 열 가지 부사의한 부처님 세계의 궁전 형상인 마니왕구름을 나타내며, 또 열 가지 삼세 부처님의 몸 형상을 널리 나타내는 마니왕구름을 나타내었다.

이와 같은 세계바다 미진수의 마니왕구름이 모두 허공에 두루하여 흩어져 없어지지 아니하였다.

이러한 구름을 나타내고 나서 부처님을 향하여 예배하며 공양올리고, 곧 남방에 각각 제청 보배 염부단금 연화장 사자좌를 변화하여 만들고 그 자리 위에 결가부좌하였다.

이 화장세계바다의 서방에 다음 세계바다가 있으니 이름이 가애락보

광명이고, 그 세계종 가운데 국토가 있으니 이름이 출생상묘자신구이며, 부처님의 명호는 향염공덕보장엄이시다.

그 여래의 대중바다 가운데 보살마하살이 있으니 이름이 월광향염보장엄이다. 세계바다 미진수의 모든 보살들과 함께 부처님 처소에 와서, 각각 열 가지 일체 보배향과 온갖 묘한 꽃 누각구름을 나타내어 허공에 두루 가득하여 흩어져 없어지지 아니하였다.

또 열 가지 가없는 색상의 온갖 보배왕 누각구름을 나타내며, 또 열 가지 보배등 향기불꽃 누각구름을 나타내며, 또 열 가지 일체 진주 누각구름을 나타내며, 또 열 가지 일체 보배 꽃 누각구름을 나타내며, 또 열 가지 보배영락장엄 누각구름을 나타내었다.

또 열 가지 시방에 널리 나타나는 일체 장엄광명장 누각구름을 나타내며, 또 열 가지 온갖 보배가루로 사이사이에 장엄한 누각구름을 나타내며, 또 열 가지 온갖 보배로 시방에 두루한 일체 장엄 누각구름을 나타내며, 또 열 가지 꽃 문의 방울그물 누각구름을 나타내었다.

이와 같은 세계바다 미진수의 누각구름이 다 허공에 두루하여 흩어져 없어지지 아니하였다.

이러한 구름을 나타내고 나서 부처님을 향하여 예배하며 공양올리고 곧 서방에 각각 진금엽 대보장 사자좌를 변화하여 만들고, 그 자리 위에 결가부좌하였다.

이 화장세계바다의 북방에 다음 세계바다가 있으니 이름이 비유리연화광원만장이고, 그 세계종 가운데 국토가 있으니 이름이 우발라화장엄이며, 부처님의 명호는 보지당음왕이시다.

그 여래의 대중바다 가운데 보살마하살이 있으니 이름이 사자분신광명이다. 세계바다 미진수의 모든 보살들과 함께 부처님 처소에 와서 각각 열 가지 일체 향마니로 된 온갖 묘한 나무구름을 나타내어 허공에 두루 가득하여 흩어져 없어지지 아니하였다.

또 열 가지 무성한 잎의 묘한 향기로 장엄한 나무구름을 나타내며, 또 열 가지 일체 가없는 색상의 나무 장엄을 화현하는 나무구름을 나타내며, 또 열 가지 일체 꽃으로 두루 펼쳐 장엄한 나무구름을 나타내며, 또 열 가지 일체 보배 불꽃의 원만한 광명으로 장엄한 나무구름을 나타내었다.

또 열 가지 일체 전단향보살 몸을

나타내어 장엄하는 나무구름을 나타내며, 또 열 가지 지난 옛적의 도량 처소가 부사의함을 나타내어 장엄하는 나무구름을 나타내며, 또 열 가지 온갖 보배 의복 창고가 햇빛처럼 밝은 나무구름을 나타내며, 또 열 가지 일체 뜻에 기쁜 음성을 널리 내는 나무구름을 나타내었다.

이와 같은 세계바다 미진수 나무구름이 다 허공에 두루하여 흩어져 없어지지 아니하였다.

이러한 구름을 나타내고 나서 부처

님을 향하여 예배하며 공양올리고, 곧 북방에 각각 마니등 연화장 사자좌를 변화하여 만들고 그 자리 위에 결가부좌하였다.

이 화장세계바다의 동북방에 다음 세계바다가 있으니 이름이 염부단금파려색당이고, 그 세계종 가운데 국토가 있으니 이름이 중보장엄이며, 부처님의 명호는 일체법무외등이시다.

그 여래의 대중바다 가운데 보살마하살이 있으니 이름이 최승광명

등무진공덕장이다. 세계바다 미진수의 모든 보살들과 함께 부처님 처소에 와서, 각각 열 가지 가없는 색상의 보련화장 사자좌구름을 나타내어 허공에 두루 가득하여 흩어져 없어지지 아니하였다.

또 열 가지 마니왕광명장 사자좌구름을 나타내며, 또 열 가지 일체 장엄거리로써 갖가지로 장식한 사자좌구름을 나타내며, 또 열 가지 온갖 보배로 된 화만등불꽃장 사자좌구름을 나타내며, 또 열 가지 보배 영락을 널리 비 내리는 사자좌구름을 나타내며, 또 열 가지 일체 향기 나는 꽃 보배영락장 사자좌구름을 나타내었다.

또 열 가지 일체 부처님 자리의 장엄을 나타내 보이는 마니왕장 사자좌구름을 나타내며, 또 열 가지 문과 창과 섬돌과 그리고 모든 영락으로 일체를 장엄한 사자좌구름을 나타내며, 또 열 가지 일체 마니로 된 나무의 보배가지와 줄기 창고 사자좌구름을 나타내며, 또 열 가지 보배 향으로 사이사이에 장식한 일광명장 사자좌구름을 나타내었다.

이와 같은 세계바다 미진수 사자좌구름이 다 허공에 두루하여 흩어져 없어지지 아니하였다.

이러한 구름을 나타내고 나서 부처님을 향하여 예배하며 공양올리고, 곧 동북방에 각각 보배 연꽃 마니광명깃대 사자좌를 변화하여 만들고 그 자리 위에 결가부좌하였다.

이 화장세계바다의 동남방에 다음

세계바다가 있으니 이름이 금장엄유리광보조이고, 그 세계종 가운데 국토가 있으니 이름이 청정향광명이며, 부처님의 명호는 보희심신왕이시다.

그 여래의 대중바다 가운데 보살 마하살이 있으니 이름이 혜등보명이다. 세계바다 미진수의 모든 보살들과 함께 부처님 처소에 와서 각각 열 가지 일체 여의왕 마니 휘장구름을 나타내어 허공에 두루 가득하여 흩어져 없어지지 아니하였다.

또 열 가지 제청 보배와 일체 꽃으

로 장엄한 휘장구름을 나타내며, 또 열 가지 일체 향 마니 휘장구름을 나타내며, 또 열 가지 보배불꽃등 휘장구름을 나타내며, 또 열 가지 부처님의 신통과 설법을 나타내 보이는 마니왕 휘장구름을 나타내며, 또 열 가지 일체 의복의 장엄한 색상을 나타내는 마니 휘장구름을 나타내었다.

또 열 가지 일체 보배 꽃 무더기의 광명 휘장구름을 나타내며, 또 열 가지 보배그물 풍경소리 휘장구름을 나타내며, 또 열 가지 마니로 좌대가 되고 연꽃으로 그물이 된 휘장구름을 나타내며, 또 열 가지 일체 부사의한 장엄구 색상을 나타내는 휘장구름을 나타내었다.

이와 같은 세계바다 미진수의 온갖 보배 휘장구름이 다 허공에 두루하여 흩어져 없어지지 아니하였다.

이러한 구름을 나타내고 나서 부처님을 향하여 예배하며 공양올리고, 곧 동남방에 각각 보배연화장 사자좌를 변화하여 만들고 그 자리 위에 결가부좌하였다.

 이 화장세계바다의 서남방에 다음 세계바다가 있으니 이름이 일광변조이고, 그 세계종 가운데 국토가 있으니 이름이 사자일광명이며, 부처님의 명호는 보지광명음이시다.

 그 여래의 대중바다 가운데 보살마하살이 있으니 이름이 보화광염계이다. 세계바다 미진수의 모든 보살들과 함께 부처님 처소에 와서, 각각 열 가지 온갖 미묘하게 장엄한 보배 일산구름을 나타내어 허공에 두루 가득하여 흩어져 없어지지 아니하였다.

또 열 가지 광명으로 장엄한 꽃 일산구름을 나타내며, 또 열 가지 가없는 빛 진주창고 일산구름을 나타내며, 또 열 가지 일체 보살의 불쌍히 여기는 음성을 내는 마니왕 일산구름을 나타내며, 또 열 가지 온갖 미묘한 보배불꽃화만 일산구름을 나타내며, 또 열 가지 묘한 보배로 장엄한 그물방울을 드리운 일산구름을 나타내었다.

또 열 가지 마니나뭇가지로 장엄한 일산구름을 나타내며, 또 열 가지 햇빛이 널리 비치는 마니왕 일산구름을 나타내며, 또 열 가지 일체 바르는 향과 사르는 향 일산구름을 나타내며, 또 열 가지 전단창고 일산구름을 나타내며, 또 열 가지 광대한 부처님 경계의 넓은 광명으로 장엄한 일산구름을 나타내었다.

이와 같은 세계바다 미진수의 온갖 보배 일산구름이 다 허공에 두루하여 흩어져 없어지지 아니하였다.

　이러한 구름을 나타내고 나서 부처님을 향하여 예배하며 공양올리고, 곧 서남방에 각각 제청 보배 광염장엄장 사자좌를 변화하여 만들고 그 자리 위에 결가부좌하였다.

　이 화장세계바다의 서북방에 다음 세계바다가 있으니 이름이 보광조요이고, 그 세계종 가운데 국토가 있으니 이름이 중향장엄이며, 부처님의 명호는 무량공덕해광명이시다.

그 여래의 대중바다 가운데 보살마하살이 있으니 이름이 무진광마니왕이다. 세계바다 미진수의 모든 보살들과 함께 부처님 처소에 와서, 각각 열 가지 일체 보배가 원만한 광명구름을 나타내어 허공에 두루 가득하여 흩어져 없어지지 아니하였다.

또 열 가지 일체 보배불꽃이 원만한 광명구름을 나타내며, 또 열 가지 일체 묘한 꽃이 원만한 광명구름을 나타내며, 또 열 가지 일체 화신 부처님의 원만한 광명구름을 나타내며, 또 열 가지 시방 부처님 국토가 원만한 광명구름을 나타내며, 또 열 가지 부처님 경계의 우레 소리 나는 보배나무가 원만한 광명구름을 나타내었다.

또 열 가지 일체 유리보배마니왕이 원만한 광명구름을 나타내며, 또 열 가지 한 생각 가운데 가없는 중생들의 모습을 나타냄이 원만한 광명구름을 나타내며, 또 열 가지 일체 여래의 큰 서원의 음성을 펴는 원만한 광명구름을 나타내며, 또 열 가지 일체 중생을 교화하는 소리를 내는 마니왕이 원만한 광명구름을 나타내었다.

이와 같은 세계바다 미진수의 원만한 광명구름이 다 허공에 두루하여 흩어져 없어지지 아니하였다.

이러한 구름을 나타내고 나서 부처님을 향하여 예배하며 공양올리고, 곧 서북방에 각각 다함없는 광명위덕장 사자좌를 변화하여 만들고 그 자리 위에 결가부좌하였다.

이 화장세계바다의 하방에 다음 세계바다가 있으니 이름이 연화향묘덕장이고, 그 세계종 가운데 국토가 있으니 이름이 보사자광명조요이며, 부처님의 명호는 법계광명이시다.

그 여래의 대중바다 가운데 보살마하살이 있으니 이름이 법계광염혜이다. 세계바다 미진수의 모든 보살들과 함께 부처님 처소에 와서, 각각 열 가지 일체 마니장 광명구름을 나타내어 허공에 두루 가득하여 흩어져 없어지지 아니하였다.

또 열 가지 일체 향 광명구름을 나타내며, 또 열 가지 일체 보배 불꽃 광명구름을 나타내며, 또 열 가지 일체 부처님의 설법하시는 음성을 내는 광명구름을 나타내며, 또 열 가지 일체 부처님 국토의 장엄을 나타내는 광명구름을 나타내며, 또 열 가지 일체 미묘한 꽃 누각의 광명구름을 나타내었다.

또 열 가지 일체 겁 가운데 모든 부처님께서 중생들을 교화하시는 일을 나타내는 광명구름을 나타내며, 또 열 가지 일체 다함없는 보배 꽃술 광명구름을 나타내며, 또 열 가지 일체 장엄한 자리의 광명구름을 나타내었다.

이와 같은 세계바다 미진수의 광명구름이 다 허공에 두루하여 흩어져 없어지지 아니하였다.

이러한 구름을 나타내고 나서 부처님을 향하여 예배하며 공양올리고, 곧 하방에 각각 보배불꽃등 연화장 사자좌를 변화하여 만들고 그 자리 위에 결가부좌하였다.

이 화장세계바다의 상방에 다음 세계바다가 있으니 이름이 마니보조요장엄이고, 그 세계종 가운데 국토가 있으니 이름이 무상묘광명이며, 부처님의 명호는 무애공덕광명왕이시다.

그 여래의 대중바다 가운데 보살마하살이 있으니 이름이 무애력정진혜이다. 세계바다 미진수의 모든 보살들과 함께 부처님 처소에 와서, 각각 열 가지 가없는 색상의 보배 광명 불꽃구름을 나타내어 허공에 두루 가득하여 흩어져 없어지지 아니하였다.

또 열 가지 마니보배그물 광명불꽃구름을 나타내며, 또 열 가지 일체 광대한 부처님 국토를 장엄한 광명불꽃구름을 나타내며, 또 열 가지 일체 묘한 향 광명불꽃구름을 나타내며, 또 열 가지 일체 장엄 광명불꽃구름을 나타내었다.

또 열 가지 모든 부처님의 변화이신 광명불꽃구름을 나타내며, 또 열 가지 온갖 묘한 나무와 꽃 광명불꽃구름을 나타내며, 또 열 가지 일체 금강의 광명불꽃구름을 나타내며, 또 열 가지 가없는 보살행을 설하는 마니 광명불꽃구름을 나타내며, 또 열 가지 일체 진주등 광명불꽃구름을 나타내었다.

이와 같은 세계바다 미진수의 광명불꽃구름이 다 허공에 두루하여 흩어져 없어지지 아니하였다.

이러한 구름을 나타내고 나서 부처님을 향하여 예배하며 공양올리고, 곧 상방에 각각 부처님의 음성을 내는 광명인 연화장 사자좌를 변화하여 만들고 그 자리 위에 결가부좌하였다.

이와 같이 십억 부처님 세계 미진수의 세계바다 가운데 십억 부처님 세계 미진수의 보살마하살이 있는데, 낱낱이 각각 세계바다 미진수의 모든 보살 대중들이 있어서 앞뒤로 둘러싸고 와서 모였다. 이 모든 보살들이 낱낱이 각각 세계바다 미진수의 갖가지 장엄과 모든 공양구 구름을 나타내어서, 다 허공에 두루하여 흩어져 없어지지 아니하였다.

이러한 구름을 나타내고 나서 부처님을 향하여 예배하며 공양올리고, 온 곳의 방위를 따라서 각각 갖가지 보배로 장엄한 사자좌를 변화하여 만들고 그 자리 위에 결가부좌하였다.

이와 같이 앉고 나서 그 모든 보살들 몸의 모공 가운데서 낱낱이 각각 열 세계바다 미진수의 일체 보배 갖가지 색의 광명을 나타내고, 낱낱 광명 가운데 다 열 세계바다 미진수의 모든 보살들이 다 연화장 사자좌에 앉아있음을 나타내었다.

　이 모든 보살들이 다 일체 법계가 모두 펼쳐져 있는 바다의 있는 바 미진에 능히 두루 들어갔다.

　그 낱낱 티끌 가운데 모두 열 부처님 세계 미진수의 모든 광대한 세계가 있고, 낱낱 세계 가운데 다 삼세의 모든 부처님 세존이 계시는데, 이 모든 보살들이 모두 능히 두루 가서 친근하고 공양올렸다.

생각생각 가운데 꿈을 자재하게 나타내 보이는 법문으로 세계바다 미진수의 중생들을 깨우치며, 생각생각 가운데 일체 모든 천인들이 죽고 태어나는 것을 나타내 보이는 법문으로 세계바다 미진수의 중생들을 깨우치며, 생각생각 가운데 일체 보살행을 설하는 법문으로 세계바다 미진수의 중생들을 깨우쳤다.

생각생각 가운데 널리 일체 세계를 진동하여 부처님의 공덕과 신통변화를 찬탄하는 법문으로 세계바다 미진수의 중생들을 깨우치며, 생각생각 가운데 일체 부처님의 국토를 깨끗이 장엄하여 일체 큰 서원바다를 나타내 보이는 법문으로 세계바다 미진수의 중생들을 깨우쳤다.

생각생각 가운데 일체 중생의 말과 부처님의 음성을 널리 거두어들이는 법문으로 세계바다 미진수의 중생들을 깨우치며, 생각생각 가운데 일체 부처님의 법구름을 능히 비 내리는 법문으로 세계바다 미진수의 중생들을 깨우치며, 생각생각 가운데 광명으로 시방 국토를 널리 비추어 법계에 두루 신통변화를 나타내 보이는 법문으로 세계바다 미진수의 중생들을 깨우쳤다.

생각생각 가운데 부처님의 몸이 법계에 충만함을 널리 나타내는 일체 여래의 해탈력 법문으로 세계바다 미진수의 중생들을 깨우치며, 생각생각 가운데 보현보살의 일체 대중 모임 도량바다를 건립하는 법문으로 세계바다 미진수의 중생들을 깨우쳤다.

이와 같이 일체 법계에 널리 두루 하여 중생들의 마음을 따라서 모두 깨닫게 하였다.

생각생각 가운데 낱낱 국토의 각각 수미산 미진수와 같은 중생들의 악도에 떨어진 이로 하여금 영원히 그 고통을 여의게 하며, 각각 수미산 미진수와 같은 중생들의 삿된 선정에 머문 이로 하여금 바른 정에 들어가게 하였다.

각각 수미산 미진수와 같은 중생들

로 하여금 그 즐기는 바를 따라서 천상에 태어나게 하며, 각각 수미산 미진수와 같은 중생들로 하여금 성문이나 벽지불의 지위에 편안히 머무르게 하며, 각각 수미산 미진수와 같은 중생들로 하여금 선지식을 섬겨서 온갖 복덕의 행을 갖추게 하였다.

각각 수미산 미진수와 같은 중생들로 하여금 위없는 보리마음을 내게 하며, 각각 수미산 미진수와 같은 중생들로 하여금 보살의 물러나지 않는 지위에 나아가게 하며, 각각 수미산 미진수와 같은 중생들로 하여금 청정한 지혜의 눈을 얻어서 여래께서 보시는 바 일체 모든 평등한 법을 보게 하였다.

각각 수미산 미진수와 같은 중생들로 하여금 모든 힘과 모든 서원바다 가운데 안주하여 다함없는 지혜로 방편을 삼아 모든 부처님 국토를 청정하게 하며, 각각 수미산 미진수와 같은 중생들로 하여금 모두 비로자나불의 광대한 서원바다에 안주하여 여래의 집에 태어나게 하였다.

그 때에 모든 보살들의 광명 가운데서 동시에 소리를 내어 이 게송을 설하여 말씀하였다.

모든 광명 중에서
미묘한 소리를 내어
시방의 일체 국토에
널리 두루해서
불자들에게
모든 공덕을 연설하여
보리의 묘한 도에
능히 들어가게 하도다.

겁바다에 수행하여
게으르지 않고
고통받는 중생들이
해탈을 얻게 하되
마음이 하열함과
피로함이 없으니
불자들이
이 방편에 잘 들어갔도다.

모든 겁바다가 다하도록
방편을 닦아
한량없고 가없고

남음도 없어서
일체 법문에
들어가지 않음이 없되
그 성품이 적멸함을
항상 설하도다.

삼세의 모든 부처님께서
세우신 서원
일체를 닦아서
모두 다하고
곧 모든 중생들을
이익되게 하여

스스로 청정한 업을
행하였도다.

일체 모든 부처님의
대중모임 중에
널리 시방에 두루하여
가지 않음이 없되
모두 깊고 깊은
지혜바다로
저 여래의 적멸법에
들어갔도다.

낱낱 광명이
끝이 없어서
생각하기 어려운
모든 국토에 다 들어가며
청정한 지혜 눈이
널리 능히 보니
이것은 모든 보살들이
행한 경계로다.

보살이 한 터럭 끝에
능히 머물러서
시방의 모든 국토를

두루 진동하되
중생들에게 두려운 생각이
나지 않게 하니
이것이 그 청정한
방편의 지위로다.

낱낱 티끌 가운데
한량없는 몸이여
다시 갖가지 장엄 세계를
나타내어
한 생각에 죽고 태어남을
널리 보게 하니

걸림 없는 뜻의 장엄을
얻은 이로다.

삼세의 있는 바
일체 겁을
한 찰나에
모두 능히 나타내어서
몸이 환과 같아
체상이 없는 줄 아니
법성이 걸림 없음을
증명한 이로다.

보현의 수승한 행에
다 능히 들어감이여
일체 중생이
모두 즐겨 봄이라
불자가 이 법문에
능히 머무르니
모든 광명 가운데서
큰 소리로 사자후하도다.

그 때에 세존께서 일체 보살 대중에게 여래의 가없는 경계와 신통력을 얻게 하시려고 미간에서 광명을 놓으셨다. 이 광명이 이름은 일체 보살의 지혜광명으로 시방을 널리 비추는 창고였다.

그 모양은 마치 보배 색 등불구름 같아서 시방의 일체 부처님 세계를 두루 비추어서 그 가운데 국토와 중생들을 모두 나타나게 하였다.

또 모든 세계 그물을 널리 진동하여 낱낱 티끌 가운데 수없는 부처님을 나타내어, 모든 중생들의 근성과 욕망이 같지 아니함을 따라서 삼세 일체 모든 부처님의 미묘한 법륜구름을 널리 비 내려서 여래의 바라밀 바다를 나타내 보였다.

또 한량없는 모든 벗어나고 여의는 구름을 비 내려서 모든 중생들로 하여금 길이 생사를 벗어나게 하며, 또 모든 부처님의 큰 서원구름을 비 내려서 시방 모든 세계 가운데 보현보살 도량의 대중모임을 나타내 보였다.

이러한 일을 짓고 나서 부처님을 오른쪽으로 돌아서 발밑으로 들어갔다.

그 때에 부처님 앞에 큰 연꽃이 홀연히 출현하였다. 그 꽃은 열 가지 장엄을 갖추고 있어서 일체 연꽃이 능히 미칠 수 없었다.

이른바 온갖 보배가 사이사이에 섞인 것으로 그 줄기가 되고, 마니보배왕으로 그 연밥이 되며, 법계의 온갖 보배로 널리 그 잎이 되고, 모든 향기 나는 마니로 그 꽃술이 되며, 염부단금으로 그 꽃대를 장엄하고, 미묘한 그물을 위에 덮어서 빛깔이 청정하였다.

한 생각 가운데 가없는 모든 부처님의 신통변화를 나타내 보이며, 널리 능히 일체 음성을 내며, 마니 보배왕이 부처님의 몸을 영상으로 나타내며, 음성 가운데 널리 일체 보살의 수행한 바 행원을 능히 연설하였다.

이 꽃이 생겨나고서 한 순간에 여래의 백호상 가운데 보살마하살이 있었으니 이름이 일체법승음이다. 세계바다 미진수 모든 보살 대중들과 한꺼번에 출현하여 여래를 오른쪽으로 한량없이 돌고는 부처님의 발에 예배하였다. 그 때 승음보살은 연화대에 앉고, 모든 보살 대중들은 연꽃 꽃술에 앉아 각각 그 위에서 차례대로 머물렀다.

그 일체법승음보살은 깊은 법계를 깨달아 큰 환희를 내었다. 부처님께서 행하신 바에 들어가 지혜가 막힘이 없으며, 헤아릴 수 없는 부처님의 법신바다에 들어가며, 일체 세계 모든 여래의 처소에 나아가며, 몸의 모든 모공에서 다 신통을 나타내었다.

생각생각에 일체 법계를 널리 관찰하며, 시방의 모든 부처님께서 함께 그 힘을 주셔서 일체 삼매에 널리 안주하게 하시며, 미래 겁이 다하도록 항상 모든 부처님의 가없는 법계와 공덕바다몸과 내지 일체 삼매와 해탈과 신통변화를 보았다.

곧 대중 가운데서 부처님의 위신력을 받들어 시방을 관찰하고 게송을 설하여 말씀하였다.

부처님 몸은
법계에 충만하시어
일체 중생 앞에
널리 나타나시니
연을 따라 감응하여
다 두루하시되
항상
이 보리좌에 계시도다.

여래의
낱낱 모공 가운데에
일체 세계 티끌 수의

모든 부처님께서 앉으시고
보살회중이
함께 둘러있는데
보현보살의 수승한 행을
연설하시도다.

여래께서 보리좌에
안주하셔서
한 터럭에 많은 세계바다를
나타내 보이시며
낱낱 터럭마다
나타내심도 다 또한 그러하니

이와 같이 법계에
널리 두루하시도다.

낱낱 세계 가운데
다 편안히 앉으셔서
일체 세계에
다 두루하시니
시방에서 보살들이
구름처럼 모여 와서
모두 도량에
나아가지 않음이 없도다.

일체 세계
미진수같이 많은
공덕 광명의
보살바다가
널리 여래의
대중모임 가운데 있으며
법계에도
다 두루 충만하도다.

법계 미진수
모든 세계의
일체 대중 가운데

다 출현하시니
이와 같이
분신하시는 지혜경계를
보현행 가운데
능히 건립하시도다.

일체 모든 부처님의
대중모임 가운데
지혜가 수승한 보살들이
모두 앉아서
각각 법을 듣고
환희하여

곳곳에서 한량없는 겁 동안
수행하도다.

보현보살의 광대한 원에
이미 들어가서
각각 온갖 부처님법을
출생하여
비로자나 부처님의
법바다에서
수행하여 여래의 지위를
증득하셨도다.

보현보살이
깨달은 바를
일체 여래께서
다 같이 칭찬하고 기뻐하시니
모든 부처님의
큰 신통을 이미 얻어서
법계에 두루 펴서
다 가득하였도다.

일체 미진수 같은
세계에
몸구름을 항상 나타내어

다 충만하셔서
널리 중생들을 위해
큰 광명을 놓으시고
법의 비를 각각 내려
그 마음에 맞추시도다.

그 때에 대중 가운데 또 보살마하살이 있었으니 이름이 관찰일체승법연화광혜왕이다. 부처님의 위신력을 받들어 시방을 관찰하고 게송을 설하여 말씀하였다.

여래의 매우 깊은 지혜로
법계에 널리 들어가셔서
능히 삼세를 따라 구르셔서
세간의 밝은 도사가 되셨도다.

모든 부처님은 법신이 같으셔서
의지도 없고 차별도 없으시되
모든 중생들의 뜻을 따라서
부처님 모습을 보게 하시도다.

일체 지혜를 구족하셔서
일체 법을 두루 아시며

일체 국토 가운데에
일체를 다 나타내시도다.

부처님의 몸과 광명과
색상이 부사의하시니
중생들이 믿고 즐거워하면
따라 응하여 다 보게 하시도다.

한 부처님 몸에
한량없는 부처님을 나타내시고
우레 소리가 온 세계에 두루하여
법을 연설하심이 바다같이 깊도다.

낱낱 모공 가운데서
광명그물이 시방에 두루하여
부처님의 미묘한 음성을 내어서
그 조복하기 어려운 이를 조복하시도다.

여래의 광명 가운데서
항상 깊고 묘한 소리를 내어
부처님의 공덕바다와
보살들의 행한 바를 칭찬하시도다.

부처님께서 바른 법륜을 굴리심이
한량없고 가없으니

설하시는 법마다 같지 않아서
얕은 지혜로는 능히 측량할 수 없도다.

일체 세계 가운데
몸을 나타내어 정각을 이루시고
각각 신통변화를 일으키셔서
법계에 다 충만하시도다.

여래의 낱낱 몸에
중생 수 같은 부처님을 나타내셔서
일체 미진 세계에
신통력을 널리 나타내시도다.

그 때에 대중 가운데 또 보살마하살이 있었으니 이름이 법희혜광명이다. 부처님의 위신력을 받들어 시방을 관찰하고 게송을 설하여 말씀하였다.

부처님 몸이 항상 나타나셔서
법계에 다 충만하시며
항상 광대한 음성을 펴시어
시방 국토에 널리 떨치시도다.

여래께서 널리 몸을 나타내시어

세간에 두루 들어가셔서
중생들의 욕락을 따라
신통력을 나타내 보이시도다.

부처님께서 중생들의 마음을 따라
그 앞에 널리 나타나시니
중생들의 보는 것이
다 부처님의 신통력이로다.

광명이 끝이 없고
설법 또한 한량없으시니
불자들이 그 지혜를 따라서

능히 들어가고 능히 관찰하도다.

부처님 몸은 태어남이 없으나
능히 출생함을 보이시며
법성은 허공과 같아서
부처님께서 그 가운데 머무시도다.

머무름도 없고 또한 감도 없으시나
곳곳에서 다 부처님을 친견하니
광명이 두루하지 않음이 없으셔서
명칭이 모두 멀리 들리도다.

몸도 없고 머무르는 곳도 없으며
또한 태어남도 없으며
모습도 없고 형상도 없어서
나타난 것은 다 그림자 같도다.

부처님께서 중생들의 마음을 따라
큰 법구름을 일으키셔서
갖가지 방편문으로
깨달음을 보이고 조복하시도다.

일체 세계 가운데에
부처님께서 도량에 앉으심을 보니

대중들이 둘러 모시고
시방 국토를 밝게 비추시도다.

일체 모든 부처님의 몸이
모두 다함없는 상호가 있으시니
나타내 보이심이 비록 한량없으나
색상도 마침내 다하지 않도다.

그 때에 대중 가운데 또 보살마하살이 있었으니 이름이 향염광보명혜이다. 부처님의 위신력을 받들어 시방을 관찰하고 게송을 설하여 말씀하였다.

이 회상의 모든 보살들이 부처님의
생각하기 어려운 경지에 들어가서
낱낱이 다 일체 부처님의
신통력을 능히 보도다.

지혜의 몸이
일체 세계 미진에 두루 들어가
몸이 그 가운데서
널리 모든 부처님을 친견함을 보도다.

그림자와 같이 온갖 세계
일체 여래의 처소에 나타나
그 일체 가운데서
신통한 일을 다 나타내도다.

보현보살의 모든 행원을
닦아서 이미 밝고 깨끗하니
능히 일체 세계에서
부처님의 신통변화를 널리 보도다.

몸이 일체 처소에 머물러서
일체가 다 평등하니

지혜가 능히 이와 같이 행하여
부처님의 경계에 들어가도다.

여래의 지혜를 이미 증득하고
법계를 평등하게 비추어서
부처님 모공의 모든 세계바다에
널리 들어가도다.

일체 부처님 국토에
다 신통력을 나타내어
갖가지 몸과 갖가지 명호를
나타내 보이도다.

능히 한 생각 사이에
모든 신통변화를 널리 나타내어
도량에서 정각 이루고
미묘한 법륜을 굴리도다.

일체 광대한 세계를
억 겁에도 사의할 수 없으나
보살이 삼매 가운데서
한 생각에 다 능히 나타내도다.

일체 모든 부처님 국토에서
낱낱 모든 보살들이

부처님 몸에 널리 들어가되
가없고 또한 다함도 없도다.

그 때에 대중 가운데 또 보살마하살이 있었으니 이름이 사자분신혜광명이다. 부처님의 위신력을 받들어 시방을 두루 살펴보고 게송을 설하여 말씀하였다.

비로자나 부처님께서
능히 바른 법륜을 굴리시니
법계의 모든 국토에

구름처럼 다 두루하시도다.

시방에 있는
모든 큰 세계바다에
부처님의 신통과 원력으로
곳곳에서 법륜을 굴리시도다.

일체 모든 세계의
광대한 대중모임 가운데
명호가 각각 같지 않으셔서
따라 응하여 묘법을 연설하시도다.

여래의 크신 위신력은
보현의 행원으로 이루신 바라
일체 국토 가운데에
묘음이 이르지 않음이 없도다.

부처님 몸은 세계 티끌 수 같으셔서
법의 비를 널리 내리시되
생겨남도 없고 차별도 없어서
일체 세간에 나타나시도다.

수없는 모든 억 겁의
일체 티끌 수 세계 가운데

지난 옛적 행하신 일을
묘음으로 다 갖추어 연설하시도다.

시방의 티끌 수 국토에
광명 그물이 모두 두루한데
광명 가운데 다 부처님이 계셔서
모든 중생들을 널리 교화하시도다.

부처님 몸은 차별이 없어서
법계에 충만하시고
능히 색신을 보게 하시어
근기를 따라 잘 조복하시도다.

삼세 일체 세계에
있는 바 많은 도사들의
갖가지 다른 명호를
설하여 다 보게 하시도다.

과거와 미래와 현재의
일체 모든 여래께서
굴리신 미묘한 법륜을
이 법회에서 다 듣도다.

그 때에 대중 가운데 또 보살마하살이 있었으니 이름이 법해혜공덕장이다. 부처님의 위신력을 받들어 시방을 관찰하고 게송을 설하여 말씀하였다.

이 모임의 모든 불자들이
온갖 지혜를 잘 닦았으니
이 사람들은 이미
이러한 방편문에 능히 들어갔도다.

낱낱 국토 가운데서
광대한 음성을 널리 내어
부처님께서 행하신 바를 연설하니

시방세계에 두루 들리도다.

낱낱 생각 가운데
일체 법을 널리 관하고
진여의 땅에 안주하여
모든 법바다를 요달하였도다.

낱낱 부처님 몸 가운데서
부사의한 억 겁 동안
바라밀을 닦으며
국토를 깨끗이 장엄하였도다.

낱낱 미진 가운데서
일체법을 능히 증득하고
이와 같이 걸리는 바가 없어서
시방 국토에 두루 다니도다.

낱낱 부처님 세계에
다 남김없이 나아가서
부처님의 신통력을 보고
부처님께서 행하신 곳에 들어가도다.

모든 부처님의 광대한 음성을
법계에서 듣지 못함이 없으니

보살들이 능히 요달해 알아서
음성바다에 잘 들어가도다.

오랜 겁 동안 묘음을 내되
그 음성 평등하여 차별이 없으니
지혜가 삼세에 두루한 이가
그 음성 경지에 들어갔도다.

중생들이 지닌 음과
부처님의 자재하신 소리에서
음성 지혜를 얻어
일체를 다 능히 알도다.

지위를 좇아 지위를 얻어서
십력의 지위 가운데 머무르니
억 겁 동안 부지런히 수행하여
얻은 바 법이 이와 같도다.

그 때에 대중 가운데 또 보살마하살이 있었으니 이름이 혜등보명이다. 부처님의 위신력을 받들어 시방을 관찰하고 게송을 설하여 말씀하였다.

일체 모든 여래께서
온갖 상을 멀리 여의셨으니

만약 이 법을 능히 알면
이에 세간의 도사를 보리라.

보살이 삼매 가운데서
지혜의 빛이 널리 명료하여
일체 부처님의
자재하신 체성을 능히 알도다.

부처님의 진실한 체성을 보면
심히 깊은 법을 깨달으리니
법계를 널리 관하고
원을 따라 몸을 받으리라.

복바다에서 태어나
지혜의 땅에 안주하고
일체 법을 관찰하여
가장 수승한 도를 수행하도다.

일체 부처님 세계 가운데
일체 여래의 처소라
이와 같이 법계에 두루하여
진실한 체성을 모두 보도다.

시방의 광대한 세계에서
억 겁 동안 부지런히 수행하여

능히 정변지의
일체 모든 법바다에서 노닐도다.

오직 하나의 견고하고 비밀한 몸을
일체 티끌 가운데서 보나니
생겨남도 없고 모양도 없으나
모든 국토에 널리 나타나도다.

모든 중생들의 마음을 따라
그 앞에 널리 나타나
갖가지로 조복함을 보여서
속히 불도에 향하게 하도다.

부처님의 위신력으로
모든 보살들이 출현하니
부처님 힘의 가지하신 바로
모든 여래를 널리 보도다.

일체 온갖 도사께서
한량없는 위신력으로
모든 보살들을 깨우치셔서
법계에 다 두루하도다.

그 때에 대중 가운데 또 보살마하살이 있었으니 이름이 화염계보명지이다. 부처님의 위신력을 받들어 시방을 관찰하고 게송을 설하여 말씀하였다.

일체 국토 가운데
미묘한 소리를 널리 내셔서
부처님의 공덕을 칭양하시니
법계에 다 충만하도다.

부처님은 법으로 몸을 삼으시니
청정하기가 허공과 같음이라
나타내신 온갖 색과 형상으로

이 법 가운데 들어가게 하시도다.

만약 깊이 믿고 기뻐하며
부처님께서 섭수하여 주시면
마땅히 알라, 이러한 사람은
부처님을 아는 지혜를 능히 내리라.

지혜가 적은 모든 이들은
이 법을 알 수 없으니
지혜의 눈이 청정한 이라야
이에 능히 보리라.

부처님의 위신력으로
일체 법을 관찰하되
들어가고 머무르고 나오는 때를
보는 것이 모두 명료하도다.

일체 모든 법 가운데
법문이 끝이 없으니
일체 지혜를 성취하여야
깊은 법바다에 들어가리라.

부처님 국토에 안주하여
일체 곳에 출현하시되

감도 없고 또한 옴도 없으시니
모든 부처님의 법이 이와 같도다.

일체 중생바다에
부처님 몸이 그림자처럼 나타나시니
그 이해의 차별을 따라서
이와 같이 도사를 보도다.

일체 모공 가운데서
각각 신통을 나타내시니
보현의 원을 수행하여
청정한 이가 능히 보도다.

부처님께서 낱낱 몸으로
곳곳에서 법륜을 굴리셔서
법계에 다 두루하시니
생각으로는 능히 미칠 수 없도다.

그 때 대중 가운데 또 보살마하살이 있었으니 이름이 위덕혜무진광이다. 부처님의 위신력을 받들어 시방을 관찰하고 게송을 설하여 말씀하였다.

낱낱 부처님 세계 가운데

곳곳에서 도량에 앉으시니
회중들이 함께 둘러싸고
마군들을 다 꺾어 항복받도다.

부처님 몸이 광명을 놓으셔서
시방에 두루 가득하여
따라 응해서 나타내 보이시니
색상이 한 가지가 아니로다.

낱낱 미진 속에
광명이 다 충만하여
시방국토의

갖가지 다른 차별을 널리 보도다.

시방의 모든 세계바다에
갖가지 한량없는 세계가
모두 평탄하고 청정하니
제청 보배로 이루어졌도다.

혹은 엎어지고 혹은 곁에 붙어 머무르며
혹은 연꽃이 오므린 것 같으며
혹은 둥글고 혹은 네모나니
갖가지 온갖 형상들이로다.

법계의 모든 세계에
걸림 없이 두루 다니시며
일체 대중모임 가운데서
항상 묘한 법륜을 굴리시도다.

부처님 몸이 부사의하심이여
국토가 다 그 가운데 있음이라
그 일체 처에서 세간의 도사께서
참다운 법을 연설하시도다.

굴리시는 묘한 법륜이여
법성은 차별이 없음이라

하나의 실다운 이치에 의하여
모든 법의 현상을 연설하시도다.

부처님께서 원만한 음성으로
진실한 이치를 천명하시고
그 이해의 차별을 따라
다함없는 법문을 나타내시도다.

일체 세계 가운데에
부처님께서 도량에 앉으심을 보니
부처님 몸이 그림자처럼 나타나서
생멸을 얻을 수 없도다.

그 때 대중 가운데 또 보살마하살이 있었으니 이름이 법계보명혜이다. 부처님의 위신력을 받들어 시방을 관찰하고 게송을 설하여 말씀하였다.

여래의 미묘하신 몸이여
색상이 부사의하여
보는 이가 환희하며
공경하여 법을 믿고 즐기도다.

부처님 몸의 일체 형상에
한량없는 부처님이 나타나셔서

널리 시방세계의
낱낱 미진 가운데 들어가시도다.

시방의 국토바다에
한량없고 가없는 부처님께서
다 생각생각 가운데
각각 신통을 나타내시도다.

큰 지혜의 모든 보살들이
법바다에 깊이 들어가서
부처님 힘의 가지하신 바로
능히 이 방편을 알았도다.

만약 보현보살의
모든 행원에 이미 안주했으면
그 온갖 국토의
일체 부처님의 위신력을 보리라.

만약 사람이 신해와
모든 큰 서원이 있으면
깊은 지혜를 구족하여
일체 법을 통달하리라.

능히 모든 부처님 몸을
낱낱이 관찰하여

색과 소리에 걸리는 바가 없으면
모든 경계를 요달하리라.

능히 모든 부처님 몸에서
지혜의 행할 바에 안주하면
여래의 경지에 빨리 들어가서
법계를 널리 섭수하리라.

부처님 세계 미진수의
이러한 모든 국토를
능히 한 생각 가운데
낱낱 티끌 속에 나타나게 하도다.

일체 모든 국토와
신통한 일들을
한 세계 가운데 다 나타내니
보살의 힘이 이와 같도다.

그 때에 대중 가운데 또 보살마하살이 있었으니 이름이 정진력무애혜이다. 부처님의 위신력을 받들어 시방을 관찰하고 게송을 설하여 말씀하였다.

부처님께서 한 모음을 내시되

시방세계에 두루 들리며
온갖 소리가 다 구족하여
법의 비가 다 충만하도다.

일체 말씀바다와
일체 품류를 따르는 소리로
일체 부처님 세계 가운데서
청정한 법륜을 굴리시도다.

일체 모든 국토에서
부처님의 신통변화를 다 보며
부처님의 설법하시는 음성을 듣고

듣고 나서 보리에 나아가도다.

법계 모든 국토의
낱낱 미진 가운데
여래의 해탈력으로
그곳에 널리 몸을 나타내시도다.

법신은 허공과 같아서
걸림도 없고 차별도 없으시나
색과 형상이 영상과 같아서
갖가지 온갖 모양을 나타내시도다.

영상은 방소가 없고
허공과 같아 체성이 없으니
지혜가 광대한 사람은
그 평등함을 요달하도다.

부처님 몸은 취할 수 없으며
생겨남도 없고 일어남도 없으나
중생들에게 응하여 현전하시되
평등하기가 허공과 같도다.

시방에 계신 부처님께서
한 모공에 다 들어가셔서

각각 신통을 나타내심을
지혜의 눈으로 능히 관해 보도다.

비로자나 부처님께서
원력이 법계에 두루하시어
일체 국토 가운데서
항상 위없는 법륜을 굴리시도다.

한 터럭에 신통변화 나타내심을
일체 부처님께서 함께 말씀하셔서
한량없는 겁을 지내도록
그 끝을 얻을 수 없도다.

이 사천하의 도량 가운데 부처님의 위신력으로 시방에서 각각 일억 세계바다 미진수의 모든 보살 대중들이 와서 모이는 것과 같이, 마땅히 알라, 일체 세계바다의 낱낱 사천하의 모든 도량 중에도 다 또한 이와 같도다.

〈대방광불화엄경 제6권〉

회향송

아차보현수승행
무변승복개회향
보원침익제중생
속왕무량광불찰

시방삼세일체불
제존보살마하살
마하반야바라밀

廻向頌

我此普賢殊勝行
無邊勝福皆迴向
普願沈溺諸眾生
速往無量光佛剎

十方三世一切佛
諸尊菩薩摩訶薩
摩訶般若波羅蜜

大方廣佛華嚴經 — 부록

- 대방광불화엄경 목차

- 간행사

대방광불화엄경 목차

〈제1회〉

제1권	제1품	세주묘엄품 [1]
제2권	제1품	세주묘엄품 [2]
제3권	제1품	세주묘엄품 [3]
제4권	제1품	세주묘엄품 [4]
제5권	제1품	세주묘엄품 [5]
제6권	**제2품**	**여래현상품**
제7권	제3품	보현삼매품
	제4품	세계성취품
제8권	제5품	화장세계품 [1]
제9권	제5품	화장세계품 [2]
제10권	제5품	화장세계품 [3]
제11권	제6품	비로자나품

〈제2회〉

제12권	제7품	여래명호품
	제8품	사성제품
제13권	제9품	광명각품
	제10품	보살문명품
제14권	제11품	정행품
	제12품	현수품 [1]
제15권	제12품	현수품 [2]

〈제3회〉

제16권	제13품	승수미산정품
	제14품	수미정상게찬품
	제15품	십주품
제17권	제16품	범행품
	제17품	초발심공덕품
제18권	제18품	명법품

〈제4회〉

제19권 제19품 승야마천궁품
       제20품 야마궁중게찬품
       제21품 십행품 [1]
제20권 제21품 십행품 [2]
제21권 제22품 십무진장품

〈제5회〉

제22권 제23품 승도솔천궁품
제23권 제24품 도솔궁중게찬품
       제25품 십회향품 [1]
제24권 제25품 십회향품 [2]
제25권 제25품 십회향품 [3]
제26권 제25품 십회향품 [4]
제27권 제25품 십회향품 [5]
제28권 제25품 십회향품 [6]
제29권 제25품 십회향품 [7]
제30권 제25품 십회향품 [8]
제31권 제25품 십회향품 [9]
제32권 제25품 십회향품 [10]
제33권 제25품 십회향품 [11]

〈제6회〉

제34권 제26품 십지품 [1]
제35권 제26품 십지품 [2]
제36권 제26품 십지품 [3]
제37권 제26품 십지품 [4]
제38권 제26품 십지품 [5]
제39권 제26품 십지품 [6]

〈제7회〉

제40권 제27품 십정품 [1]
제41권 제27품 십정품 [2]
제42권 제27품 십정품 [3]
제43권 제27품 십정품 [4]
제44권 제28품 십통품
       제29품 십인품
제45권 제30품 아승지품
       제31품 수량품
       제32품 제보살주처품
제46권 제33품 불부사의법품 [1]
제47권 제33품 불부사의법품 [2]

제48권	제34품	여래십신상해품		제63권	제39품	입법계품 [4]
	제35품	여래수호광명공덕품		제64권	제39품	입법계품 [5]
제49권	제36품	보현행품		제65권	제39품	입법계품 [6]
제50권	제37품	여래출현품 [1]		제66권	제39품	입법계품 [7]
제51권	제37품	여래출현품 [2]		제67권	제39품	입법계품 [8]
제52권	제37품	여래출현품 [3]		제68권	제39품	입법계품 [9]
				제69권	제39품	입법계품 [10]

〈제8회〉

제53권 제38품 이세간품 [1] 　　제70권 제39품 입법계품 [11]
제54권 제38품 이세간품 [2] 　　제71권 제39품 입법계품 [12]
제55권 제38품 이세간품 [3] 　　제72권 제39품 입법계품 [13]
제56권 제38품 이세간품 [4] 　　제73권 제39품 입법계품 [14]
제57권 제38품 이세간품 [5] 　　제74권 제39품 입법계품 [15]
제58권 제38품 이세간품 [6] 　　제75권 제39품 입법계품 [16]
제59권 제38품 이세간품 [7] 　　제76권 제39품 입법계품 [17]
　　　　　　　　　　　　　　　제77권 제39품 입법계품 [18]
　　　　　　　　　　　　　　　제78권 제39품 입법계품 [19]

〈제9회〉　　　　　　　　　　　제79권 제39품 입법계품 [20]

제60권 제39품 입법계품 [1] 　　제80권 제39품 입법계품 [21]
제61권 제39품 입법계품 [2]
제62권 제39품 입법계품 [3]

간 행 사

귀의삼보 하옵고,

『대방광불화엄경』의 수지 독송과 유통을 발원하면서 수미정사 불전연구원에서 『독송본 한문·한글역 대방광불화엄경』과 『사경본 한글역 대방광불화엄경』을 편찬하여 간행하게 되었습니다.

『화엄경』은 우리나라에 전래된 이래 일찍부터 사경되고 주석·강설되어 왔으며 근현대에 이르러서는 『화엄경』의 한글 번역과 연구도 부쩍 많이 이루어졌습니다. 그만큼 『화엄경』이 우리 불자님들의 신행과 해탈에 큰 의지처가 되었던 것임을 알 수 있습니다.

『화엄경』을 독송하고 사경하는 공덕은 설법 공덕과 함께 크게 강조되어 왔습니다. 그리하여 수미정사 불전연구원에서도 『화엄경』(80권)을 독송하고 사경하는 데 도움이 되도록 한문 원문과 한글역을 함께 수록한 독송본과 한글역의 사경본 『화엄경』 간행불사를 발원하였습니다. 이 『화엄경』 간행불사에 뜻을 같이하여 적극 후원해주신 스님들과 재가 불자님들께 깊이 감사드립니다. 또한 『화엄경』을 수지 독송할 수 있도록 경책의 모습으로 장엄해 주신 편집위원들과 담앤북스 출판사 관계자들께도 고마움을 표합니다.

끝으로 이 불사의 원만 회향으로 『화엄경』이 널리 유통되고, 온 법계에 부처님의 가피가 충만하시길 기원드립니다.

나무 대방광불화엄경

불기 2564년 '부처님오신날'을 봉축하며
수미해주 합장

위태천신(동진보살)

수미해주 須彌海住

동국대학교 명예교수
중앙승가대학교 법인이사
대한불교조계종 수미정사 주지

사경본 한글역
대방광불화엄경 제6권

| 초판 1쇄 발행_ 2020년 10월 24일

| 엮은이_ 수미해주
| 엮은곳_ 수미정사 불전연구원
| 편집위원_ 해주 수정 경진 선초 정천 석도 박보람 최원섭
| 편집보_ 동건 무이 무진 김지예

| 펴낸이_ 오세룡
| 펴낸곳_ 담앤북스
　　　　서울특별시 종로구 새문안로3길 23 경희궁의 아침 4단지 805호
　　　　대표전화 02)765-1251　전자우편 damnbooks@hanmail.net
　　　　출판등록 제300-2011-115호
| ISBN_ 979-11-6201-251-2　04220

이 책은 저작권 법에 따라 보호받는 저작물이므로 무단전재와 복제를 금합니다.
이 책 내용의 전부 또는 일부를 이용하려면 반드시 저작권자와 담앤북스의 서면 동의를 받아야 합니다.
이 도서의 국립중앙도서관 출판예정도서목록(CIP)은 서지정보유통지원시스템 홈페이지(http://seoji.nl.go.kr)와
국가자료공동목록시스템(http://www.nl.go.kr/kolisnet)에서 이용하실 수 있습니다. (CIP제어번호: CIP2020040868)

정가 10,000원
ⓒ 수미해주 2020